Serviço de Animação Bíblica – SAB

Iniciação
à leitura da Bíblia

Dados Internacionais de Catalogação na Publicação (CIP)
(Câmara Brasileira do Livro, SP, Brasil)

Iniciação à leitura da Bíblia / Serviço de Animação Bíblica (SAB) . – 3. ed. – São Paulo : Paulinas, 2011.

Bibliografia
ISBN 978-85-356-2887-6

1. Bíblia - Estudo e ensino 2. Bíblia - Introduções 3. Bíblia - Leitura I. Serviço de Animação Bíblica (SAB).

11-09400   CDD-220.07

Índices para catálogo sistemático:

1. Bíblia estudo e ensino   220.07
2. Estudo bíblico   220.07

Direção-geral: *Flávia Reginatto*
Elaboração do texto: *Romi Auth, fsp e Equipe do SAB*
Editora responsável: *Vera Ivanise Bombonatto*
Copidesque: *Mônica Elaine G. S. da Costa*
Coordenação de revisão: *Marina Mendonça*
Revisão: *Ana Cecilia Mari*
Direção de arte: *Irma Cipriani*
Gerente de produção: *Felício Calegaro Neto*
Capa e diagramação: *Edinaldo Medina Batista*

3ª edição –2011
7ª reimpressão –2023

Gratidão especial às pessoas que colaboraram, com suas experiências, sugestões e críticas, para a elaboração e apresentação final deste texto.

SAB – Serviço de Animação Bíblica
Av. Afonso Pena, 2142 – Bairro Funcionários
30130-007 – Belo Horizonte – MG
Tel.: (31) 3269-3737
Fax: (31) 3269-3729
e-mail: sab@paulinas.com.br

Cadastre-se e receba nossas informações
www.paulinas.com.br
Telemarketing e SAC: 0800-7010081

Paulinas
Rua Dona Inácia Uchoa, 62
04110-020 – São Paulo – SP (Brasil)
(11) 2125-3500
editora@paulinas.com.br

© Pia Sociedade Filhas de São Paulo – São Paulo, 2007

Apresentação

Iniciação à leitura da Bíblia é uma trilha, entre tantas, para quem deseja começar a percorrer e conhecer histórias significativas de pessoas e comunidades do povo da Bíblia, parecidas com as nossas. Há ainda desavenças de povos, famílias, grupos sociais e até guerras, retratos também de nossa história atual.

Por que as histórias são tão parecidas? Porque integram a grandeza e a mesquinhez do ser humano, de ontem e de hoje. E tanto ontem quanto hoje, Deus percorre conosco as trilhas da vida e continua a oferecer sua Palavra, nas Sagradas Escrituras.

Siga a trilha e vá com Deus!

Bíblia: porta aberta!
"Entre, a casa é sua!"

Boas-vindas à grande família de leitoras e leitores da Bíblia! Hoje se realizam, em você, as palavras do profeta Amós: "Assim diz o Senhor: Virão dias em que enviarei fome à terra, não fome de pão nem sede de água, mas de ouvir a Palavra do Senhor" (Am 8,11). Sua busca de ler a Bíblia nada mais é do que fome e sede de Deus, da sua Palavra. Você não está só nessa busca. São milhares, milhões de pessoas que lêem diariamente a Bíblia. Nela encontram força, sustento e alegria para levar adiante a missão que Deus lhes confiou.

Revendo uma amiga de infância!

Você, com certeza, já conhece muitas narrativas bíblicas. Desde criança ouviu alguém da família — pais, avós, tias ou outros familiares — contar as histórias da Bíblia, ou na catequese, ou mesmo teve contato com trechos das Escrituras por meio da arte, em pinturas, canções, teatro, filmes, internet, celebrações litúrgicas...

Hoje você se anima e toma a iniciativa de ler e compreender a Bíblia Sagrada. Parabéns! Não desanime na primeira dificuldade que encontrar. Se não entender bem o que estiver lendo, leia uma segunda vez, troque idéias com alguém que já está familiarizado com o texto. Continue lendo. É assim mesmo. De tanto ler e reler, você começará a juntar as idéias daquilo que leu, do que alguém comentou, e sentirá gosto pela leitura e descobrirá seu valor.

Bíblia, o que quer dizer?

A palavra Bíblia vem do grego e significa "livro" ou "biblioteca de livros". A Bíblia é, de fato, uma minibiblioteca. A primeira parte, o Antigo Testamento ou Primeiro Testamento, tem 46 livros e o Novo Testamento ou Segundo Testamento, 27 livros. Cada um dos 73 livros leva um nome diferente. Isso porque tratam de pessoas, épocas e lugares diversos, e também foram escritos em línguas muito distintas da nossa.

Línguas em que a Bíblia foi escrita

Quase todo o Primeiro Testamento foi escrito na língua hebraica e, algumas partes, em aramaico. O Segundo Testamento foi todo redigido em grego. Não temos mais nenhum texto ou manuscrito original dos livros sagrados, tanto do Primeiro como do Segundo Testamento. Todos são cópias de cópias, algumas mais antigas do que outras, conservadas nos museus, em diferentes lugares do mundo.

Qual Bíblia escolher?

Todas as Bíblias são inspiradas por Deus. A diferença está nas palavras usadas pelos tradutores, sendo algumas mais atualizadas do que outras. Até 1943, existiam pouquíssimas traduções da Bíblia para o português. Muitas pessoas só conheciam a História Sagrada, mas não a Bíblia completa.

Hoje, há uma riqueza imensa e muita facilidade de encontrar diferentes traduções, formatos e tamanhos da Bíblia. Muitas pessoas ficam perdidas, sem saber qual escolher para iniciar sua leitura. Nossa sugestão é *A Bíblia*, de Paulinas Editora, que apresenta uma tradução feita diretamente das línguas originais (hebraico, aramaico e grego) e em sintonia com os mais atualizados estudos bíblicos, uma introdução para cada livro, amplas notas explicativas para todas as passagens, mapas e um roteiro de leitura orante. E tudo isso em linguagem clara e acessível.

Como entrar pela porta santa da Bíblia?

Podemos ler qualquer livro ou texto da Bíblia sem ter que começar sempre pela primeira página. No texto original, não havia títulos nem subtítulos, tampouco introduções, notas de rodapé, nem mesmo a divisão em Primeiro e Segundo Testamentos, capítulos e versículos.

Para quem não estava familiarizado, era bem difícil localizar um texto. Muito tempo depois, foram introduzidos os capítulos e versículos na Bíblia. O número maior que aparece na margem esquerda do texto refere-se ao capítulo. Cada versículo é destacado pelos números menores que se encontram espalhados no texto.

Capítulos, versículos e notas na Bíblia

Você consegue facilmente identificar o capítulo nos livros da Bíblia. Abra-a no livro de Gênesis e confira o número 1, bem grande, à esquerda do texto e no início da página. Depois do título, repare em um número bem pequeno, no alto e no início do texto. Tanto os números grandes, que são os capítulos, quanto os números menores, que são os versículos, seguem uma ordem progressiva, enumerando textos maiores e partes específicas dos textos.

Repare nas letrinhas do alfabeto ao longo das páginas e que se repetem no rodapé. São as notas explicativas.

Agora vamos aprender como ler as citações de um texto bíblico.

Citação de um texto bíblico

O uso de abreviações na citação de textos bíblicos é muito comum. Para conhecê-las, veja no início da sua Bíblia a lista dos nomes dos 73 livros e suas abreviaturas. Agora vamos saber como identificar o capítulo e o versículo com os sinais de pontuação.

A vírgula separa capítulo de versículo. Por exemplo: Ex 3,7 (Êxodo, capítulo 3, versículo 7). A *Bíblia na linguagem de hoje* usa sempre o ponto no lugar da vírgula.

Ponto-e-vírgula separa capítulos e livros. Por exemplo: Ex 3,7-12; 6,2-13; Dt 1,1-6 (Êxodo, capítulo 3, versículos de 7 a 12; capítulo 6, versículos de 2 a 13; Deuteronômio, capítulo 1, versículos de 1 a 6).

O ponto separa versículo de versículo quando estes devem ser lidos fora da seqüência. Por exemplo: Sb 10,6.15.18 (Sabedoria, capítulo 10, versículo 6, versículo 15 e versículo 18).

O hífen indica a seqüência de versículos e capítulos.[3] Por exemplo: Ex 3,1-6,13; Mc 7,24-10,52 (Êxodo, capítulo 3, versículo 1 até o capítulo 6 versículo 13; Marcos, capítulo 7, versículo 24, até o capítulo 10, versículo 52).[4]

Tudo isso não é difícil de aprender; é só uma questão de treino. Você verá que, rapidamente, irá familiarizando-se com a leitura e também com o uso do texto bíblico na escrita.

---

[3] Algumas Bíblias utilizam como diferencial o traço médio (–) para separar um capítulo do outro. Por exemplo: Mc 8,34–9,1 (Marcos, capítulo 8, versículo 34, até o capítulo 9, versículo 1).

[4] Cf. SAB. *Bíblia, comunicação entre Deus e o povo*. 6. ed. São Paulo, Paulinas, 2007.

Onde fica a porta principal?

Existem muitas propostas de onde começar a leitura da Bíblia. Há quem a inicie no primeiro livro — Gênesis — e siga até o final do livro do Apocalipse, último livro da Bíblia.

Outros aconselham a começar pelos Salmos ou pela seqüência dos livros chamados "escritos da época",[5] ou, ainda, pelas indicações do calendário litúrgico,[6] com citações selecionadas a cada dia do ano. Outros também sugerem iniciar pelo Segundo Testamento.

Talvez seja mais indicado começar pelo Segundo Testamento, por diversas razões: as pessoas já ouviram falar de Jesus, freqüentaram ou freqüentam a Igreja, participam da liturgia dominical, são de famílias cristãs católicas. Ou seja, têm contato com as narrativas bíblicas, mas não têm o hábito de lê-las. Quem sabe seja o seu caso. E agora você despertou para tal leitura!

Um conselho: antes de passar a ler o texto bíblico, dê uma olhada naquilo que aparece nas primeiras páginas de sua Bíblia, antes do texto de Gênesis 1,1. Leia atentamente as explicações e as introduções. Depois vá para o final e leia tudo o que segue ao Apocalipse 22,21.

---

[5] Cf., na coleção Bíblia em Comunidade, Série Visão Global, da Paulinas Editora, os volumes 3 a 15. No quadro final de cada livro, verifique: "Escritos da época". Lá você encontra as referências dos escritos bíblicos que nasceram em cada período.

[6] Anualmente, Paulinas Editora publica uma agenda (Ano Litúrgico) com citações bíblicas referentes à liturgia de cada mês do ano litúrgico vigente (A, B ou C).

Você obterá orientações e informações interessantes, que ajudarão a nortear sua leitura. De certa forma, está fazendo um cursinho de Bíblia por sua conta. Para esclarecimentos e interpretações que vão além das notas, informe-se sobre os cursos[7] bíblicos que há na sua cidade ou região.

Sugestão de um "roteiro de peregrino"

A sugestão é iniciar-se com a leitura do Segundo Testamento, pelo evangelho de Marcos; depois, seguir a seqüência, com Lucas, Mateus, João e Atos dos Apóstolos. As cartas de Paulo: 1 Tessalonicenses, Filipenses, 1 e 2 Coríntios, Filemom, Gálatas e Romanos. As cartas Dêutero-Paulinas: 2 Tessalonicenses, Efésios e Colossenses. As cartas católicas: 1, 2 e 3 João, 1 e 2 Pedro, Judas e Tiago. As cartas pastorais: 1 e 2 Timóteo e Tito. Hebreus e Apocalipse. Quando tiver concluído o Segundo Testamento, comece a leitura do Primeiro Testamento, com os escritos Sapienciais, Proféticos, Históricos e o Pentateuco.

Uma vez despertado o gosto pela leitura da Bíblia, não há necessidade de seguir esta seqüência. Você mesmo(a) fará suas escolhas.

---

[7] Verifique a programação nas livrarias de Paulinas Editora de sua cidade ou Estado e participe dos cursos bíblicos oferecidos, bem como no Serviço de Animação Bíblica (SAB). Caso você não possa fazer os cursos, adquira a coleção Bíblia em Comunidade, que é um curso de formação bíblica sistemática. Cf., além da nota 4, os livros de Rosana Pulga (*O beabá da Bíblia*, São Paulo, Paulinas, 2005) e de Pedro L. Vasconcelos e Valmor da Silva (*Caminhos da Bíblia*: uma história do Povo de Deus, São Paulo, Paulinas, 2003).

Um texto tão antigo fala para nós, hoje?

Sim, por incrível que pareça, a Bíblia é atual e fala para nós hoje, depois de milênios. E por que ela continua falando para nós, hoje? Porque exprime a vida, os anseios profundos do ser humano, suas buscas, fraquezas, sua mesquinhez, mas também sua nobreza quando se abre à ação de Deus aos outros — sobretudo aos pobres —, a si mesmo e à natureza.

Há muitos modos de se aproximar do texto bíblico: por curiosidade, para conhecer, porque ouviu falar que é bom, para buscar uma mensagem a alguém. Todas são razões importantes, mas que tal buscá-la porque deseja encontrar-se em maior profundidade com Deus, consigo mesmo(a), com as pessoas, com o universo? É bom ter presente que, atrás do texto, está uma comunidade que viveu e registrou sua experiência de vida e fé. Está alguém que nós chamamos de autor. Ele deu a forma final às tradições que circulavam entre o povo. Alguns faziam parte de círculos específicos, como escolas, grupos de profetas, profetas da corte, escribas e sábios de Israel. Eram homens e mulheres sensíveis ao povo e a Deus.

Você já pensou que serviço qualificado esses homens e mulheres prestaram à humanidade? Muito antes de nós, milhares, milhões de pessoas se alimentaram da Palavra de Deus, a qual agora está em suas mãos. Você não está só nessa caminhada. Tantos outros continuam, hoje, a ler, a estudar e a se aprofundar nas Sagradas Escrituras, individualmente ou freqüentando cursos, faculdades etc.

A voz de Deus na voz do texto

A melhor atitude ao nos achegarmos ao texto sagrado é a da escuta daquilo que Deus tem a dizer. Entrar em diálogo com o texto sem preconceitos; observar os personagens, sua fala, seus atos, suas atitudes expressas, sobretudo, pelos verbos. Há muitos caminhos a serem trilhados para mergulhar um pouco mais no texto, individualmente e/ou em grupo. Gostaríamos de partilhar duas maneiras muito simples de entrar pelos portais da Palavra de Deus: uma na linha da espiritualidade, do rezar com a Bíblia, e outra na linha de estudo do texto.

Rezar com a Bíblia

Talvez você já tenha ouvido falar ou até praticado a Leitura Orante. É conhecida também com o nome de *Lectio Divina*, que literalmente significa "lição divina". Trata-se de rezar com a Bíblia para encontrar-se com Deus. Você mesmo deve ter seu modo de rezar. Há pessoas que rezam novenas, o rosário, repetem fórmulas que aprenderam em algum momento de suas vidas, entre outras formas. Muitas vezes é uma espiritualidade devocional.

Com a Leitura Orante, vamos desenvolver uma espiritualidade bíblica, que nasce da situação existencial a qual estamos vivendo, no momento em que nos exercitamos nela. É mais criativa e dinâmica, uma vez que envolve nossa vida.

Leitura Orante da Bíblia

A Leitura Orante pode ser feita por meio de passos. O importante não é o número de passos dados, nem mesmo a ordem seguida na oração individual. Quando a fazemos em grupo, é importante seguir a seqüência dos passos, para que as pessoas que chegarem após o início se situem na caminhada do grupo.

Aqui, vamos desenvolver cinco passos progressivos. Se a leitura for feita em grupo, antes de começá-la, a pessoa que coordena informa qual texto vai ser lido, ensaia o refrão a ser cantado, entre um passo e outro, e, depois, convida o grupo a tomar consciência da presença de Deus em nós e em nosso meio, invocando o Espírito Santo por meio de uma oração ou canto. Em seguida, iniciam-se os passos da Leitura Orante.

Leitura

É o primeiro passo da Leitura Orante. Lê-se o texto uma primeira vez, em voz alta, devagar e atentamente. Depois, lê-se o texto uma segunda vez e, em seguida, responde-se à pergunta: "O que o texto diz?". Responder para si mesmo(a) ou para o grupo, se for feita em grupo. Expor com as próprias palavras, na seqüência do texto, o que ele diz, sem fugir do tema nem fazer acréscimos. Ou você pode também, depois de ter lido o texto uma segunda vez, convidar as pessoas a dizerem, em voz alta, a palavra ou frase que mais chamou a atenção. Concentra-se nela, saboreando-a e ruminando-a. Canta-se o refrão e segue-se para o segundo momento, a meditação.

Meditação

É o segundo passo da Leitura Orante. Depois que você se deu conta da palavra ou frase que mais chamou sua atenção, faça-se a pergunta e/ou ao grupo: "O que esta palavra ou frase, que chamou minha atenção, diz para mim?". Nesse momento você toma consciência daquilo que Deus está lhe dizendo. E, se for em grupo, pode-se partilhar. Muita atenção nesse instante, para não transformar essa partilha em discussão. Não existe certo ou errado. Cada pessoa compartilha o que sente e percebe diante da Palavra. Cuidado para não fazer aplicações para os outros, mas para si mesmo(a). Pois muitas vezes somos tentados(as) a achar que o texto lido se aplica bem a esta ou àquela pessoa. Não! Deus, nessa hora, quer falar para mim. Posso indicar o texto para outra pessoa no sentido de que ele foi iluminador para mim e, quem sabe, pode ser também para outra pessoa que eu conheço ou vive situação semelhante a minha. Canta-se o refrão. Em seguida, passa-se para o terceiro momento, a contemplação.

Contemplação

É o terceiro passo de nossa Leitura Orante. Se for feito em grupo, não é partilhado em voz alta. Este é o instante de maior intimidade com Deus, em que me coloco em profunda sintonia com os personagens que aparecem no texto. Observo suas fisionomias, suas reações, com quem eu mais me identifico na fala, nas atitudes. Pouco a pouco, vou passando do cenário bíblico para meu cenário existencial, prestando atenção aos sentimentos que experimento dentro de mim. Procuro perceber, por essas moções, aonde Deus está me conduzindo e deixo-me conduzir por ele, sem resistências. E a pergunta é: "O que a Palavra me leva a experimentar?". Canta-se o refrão e segue-se para o quarto momento, a oração.

Oração

É o quarto passo da Leitura Orante. É a hora de falar com Deus na primeira pessoa do singular ou do plural. Muitas pessoas não aprenderam a falar com Deus e, nesse momento, são levadas a fazer novamente reflexões. "Eu gostaria de pedir a Deus..." Isso não é diálogo com Deus. Mas sim: "Senhor, eu te peço...". Quando estamos falando com uma pessoa amiga, nós nos dirigimos diretamente a ela e não a tratamos na terceira pessoa do singular, como se estivéssemos falando dela, e não a ela. Assim, em nosso diálogo com Deus, somos convidados(as) a nos dirigir diretamente a ele, diante das pessoas, se estivermos em grupo. A pergunta é: "O que a Palavra me leva a falar com Deus?". Canta-se o refrão e segue-se para o quinto momento, a ação.

Ação

É o quinto passo da Leitura Orante. Fazemos uma análise retrospectiva da leitura: o que mais chamou minha atenção; o que o texto me disse na meditação; os sentimentos que suscitou em mim na contemplação e o que me levou a falar com Deus na oração. Agora, chegou o instante de estabelecer uma vivência pessoal ou grupal muito concreta. A pergunta é: "O que este texto me leva a viver no meu dia-a-dia?".

Experimente fazer esse exercício. Verá como a Bíblia se torna próxima de você, do seu cotidiano. Ela vai alimentar sua fé, sustentá-lo(a) nos momentos difíceis, trazer-lhe muita alegria. Experimente![8]

Outro modo de se aproximar do texto é pelo seu estudo, pelo aprofundamento de seu significado para nós, hoje. O estudo não está separado da vida, nem mesmo da oração. Antes, no seu objetivo específico, ajuda a conhecer mais e melhor, para se viver adequadamente e ser mais feliz.

---

[8] Cf. Jesús Antonio Weisensee Hetter. *"Eis aí tua mãe"*. *Lectio Divina*. São Paulo, Paulinas, 2004; pe. Raimundo Aristides da Silva. *Leitura orante*: caminho de espiritualidade para jovens. São Paulo, Paulinas, 2002; Bruno Secondin. *Leitura orante da Palavra*, Paulinas, 2003.

Uma "trilha de peregrino" para o estudo individual e/ou comunitário da Bíblia

Para o estudo de um texto há muitos métodos ou caminhos que podem ser seguidos, a fim de aprofundá-lo. Aqui, gostaríamos apenas de apontar um caminho simples, prático, fácil para qualquer pessoa. Aliás, nenhum método esgota a riqueza do texto, servindo de bastão de peregrino a nos ajudar a descer pela trilha e mergulhar no texto, para compreender seu significado, hoje. Depois desse mergulho, deixe-se ficar e alimente seu espírito.

Sugestão de "trilha" para o estudo de um texto bíblico

Leia o texto inteiro de uma vez. Releia-o 5 a 6 vezes e anote o que lhe parecer estranho, sem responder às perguntas que vão surgindo.

Observar o texto

- Divida o texto em cenas ou atos.
- Dê um título objetivo a cada cena ou ato, sem o interpretar.
- Anote o nome dos personagens, o que dizem e fazem em cada cena ou ato. Releia o texto, usando sua divisão em cenas ou atos.

- Assinale o assunto central em torno do qual giram: pessoas, falas, ações comuns ou particulares de cada personagem. Em quais aspectos a estranheza do texto e as perguntas iniciais ressaltam o assunto central?

Descobrir a mensagem central do texto

A mensagem se revela nas palavras, atitudes e ações dos personagens que aparecem no texto.

Atualize essa mensagem. Qual ensinamento o autor quer passar para mim, para nós, hoje, neste texto?

Você pode criar pessoalmente seu método de leitura e aprofundamento do texto bíblico, conforme seus objetivos e interesses em relação ao estudo da Bíblia. O importante é não perder de vista a vida, na leitura da Bíblia, o seu significado para nós, hoje.

Um novo olhar sobre os fatos

O povo da Bíblia não tinha preocupação com a exatidão dos fatos, mas, sim, com o significado deles em sua vida. Os fatos mais importantes, de pessoas e comunidades, eram lembrados e celebrados na liturgia e na catequese. Eram engrandecidos para enaltecer a ação maravilhosa e extraordinária de Deus na sua história. Tudo isso era sagrado e tinha um valor imenso para o povo. Era verdadeiro e, embora não pudesse ser medido, pesado e comprovado, trazia força, coragem e gerava vida nova em meio ao povo.

Às vezes, temos dificuldade de entender as narrativas bíblicas, porque estamos muito mais preocupados em saber se o fato aconteceu mesmo ou não. Se não corresponde a todos os detalhes em que é descrito, não tem valor para nós e o classificamos de antiquado. Por exemplo, em nossa catequese aprendemos que Deus criou o mundo em seis dias e, no sétimo dia, descansou.

Durante alguns anos, isso não nos trouxe problemas. Mas quando iniciamos o segundo grau, depois a faculdade, e conhecemos as teorias da evolução da vida no planeta, entramos em crise, porque a Bíblia é sagrada para nós e, no entanto, parece ter-nos contado mentiras. Não levamos em consideração que a Bíblia não é um livro de ciências nem tem a pretensão de falar como o universo e o ser humano foram criados. Quer, sim, nos dizer que Deus está na origem da vida humana e da vida de todo o planeta. Ele é a fonte da vida.

Quando tivermos dificuldade para compreender algum texto, não devemos desanimar. Vamos interrogá-lo sobre o que quer ensinar para nós, hoje, mais do que nos escandalizar ou achar que está falando mentiras, ou, ainda, que é ultrapassado. Escutemos o que tem a nos comunicar. Perseveremos e iremos experimentar sua riqueza.

Cuidado, sinal amarelo!

Muitas pessoas, ao lerem certas passagens da Bíblia, como Juízes, capítulo 19, ou mesmo alguns salmos, como o 139,19-22, ficam chocadas, escandalizadas, constrangidas em rezá-las. Têm dificuldade de aceitá-las; então se perguntam: "Como isso se encontra na Bíblia? Isso é Palavra de Deus?".

Os versículos 19-22 dizem o seguinte: "Ah! Deus, se matasses o ímpio... homens sanguinários, afastai-vos de mim! Eles falam de ti com ironia, menosprezando os teus projetos! Não. Odiaria eu os que te odeiam, Senhor? Não detestaria os que se revoltam contra ti? Eu os odeio com ódio implacável! Eu os tenho como meus inimigos!".

São frases fortes, não é mesmo? Como interpretar esses textos? Eles retratam a experiência humana nua e crua, tal qual nasce do impulso de revolta e indignação do crente fiel e defensor de Deus. Esses sentimentos, em algum momento da vida, não podem nascer também em nós? Como lidamos com eles? Será que somos capazes de esconder de Deus algum sentimento? Será que seríamos tão defensores de Deus quanto este crente fiel? Nem precisa.

Aliás, Deus não precisa ser defendido. Nós é que precisamos da sua defesa. Ele é capaz de nos amar em toda a nossa realidade decaída, pecadora e infiel. Ele não quer essa situação para nós, mas está sempre pronto a nos perdoar, a oferecer sua misericórdia e compaixão. Sem dúvida Deus sofre, se assim podemos dizer, com a maldade humana que não respeita a imagem dele em si mesma e em todo ser humano.

A imagem de Deus em nós é dom, é presente dele a todo ser humano; porém, a semelhança com Deus é uma conquista. Torna-se dom e presente à medida que nos abrimos a Deus e o acolhemos em nós.

Finalizando

Deus inspirou em seu coração o desejo de ler as Escrituras: "[...] e tenho plena certeza de que, aquele que começou em vós a boa obra, há de levá-la à perfeição, até o dia de Cristo Jesus" (Fl 1,6). E assim "como a chuva e a neve descem do céu e para lá não voltam sem terem regado a terra, tornando-a fecunda e fazendo-a germinar, dando semente ao semeador e pão ao que come, tal ocorre com a Palavra que sai da minha boca: ela não volta a mim sem efeito, sem ter cumprido o que eu quis realizado, o objetivo da sua missão" (Is 55,10-11). A nós, cabe arregaçar as mangas e fazer tudo que estiver ao nosso alcance; o restante, a Deus.

Foi bom partilhar com você estes momentos. Se precisar de mais ferramentas para prosseguir em sua trilha de peregrinação para o Santuário da Palavra de Deus, entre em contato conosco:

SAB – Serviço de Animação Bíblica
Av. Afonso Pena, 2142 – Bairro Funcionários
30130-007 – Belo Horizonte-MG
Tel.: (31) 3269-3737
e-mail: sab@paulinas.com.br.

Sumário

Apresentação 3

Bíblia: porta aberta! "Entre, a casa é sua!" 5
   Revendo uma amiga de infância! 5
   Bíblia, o que quer dizer? 6
   Línguas em que a Bíblia foi escrita 6
   Qual Bíblia escolher? 6

Como entrar pela porta santa da Bíblia? 9
   Capítulos, versículos e notas na Bíblia 9
   Citação de um texto bíblico 10

Onde fica a porta principal? 11
   Sugestão de um "roteiro de peregrino" 12
   Um texto tão antigo fala para nós, hoje? 13
   A voz de Deus na voz do texto 14

Rezar com a Bíblia 15
   Leitura Orante da Bíblia 15

**Uma "trilha de peregrino" para o estudo individual e/ou
comunitário da Bíblia** 19
   Sugestão de "trilha" para o estudo de um texto bíblico 19
   Um novo olhar sobre os fatos 20
   Cuidado, sinal amarelo! 21

Finalizando 23